Je soussigné déclare avoir l'intention d'imprimer sous changement pour mon compte un ouvrage ayant pour titre : Le livre des Enfants sages, A B C de Peau d'Âne, lequel je me propose de tirer à 10.000 Exemplaires en un volume de format in-8°, 16 pages d'impressions et gravures.

Épinal le 26 mars 1873

Ch. Brot

DÉPÔT LÉGAL
Vosges.
n° 84
1873

A B C D E F
G H I J K L M
N O P Q R S
T U V X Y Z

LE CHEVREUIL HABITE LES FORÊTS

IL VIT

de feuil la ges,
de bour geons, etc.
BA BE BI BO

LE HIBOU

est un oi seau de nuit

IL MAN GE LES SOU RIS

Les cou leu vres, les cra pauds

PA PA MA MAN La pin
AR BRE PLU ME au ne

0 1 2 3 4 5 6 7 8 9

LE CHIEN

est at te lé à

LA VOI TU RE

ANE AIR OUI

dur feu mou œuf bas

pain vin rond dos dard beau

Il était une fois une jeune princesse si belle, que le roi, son père, en devint amoureux, et voulait absolument l'épouser.

La princesse, afin de rebuter son père, exigeait de lui des choses extravagantes : tantôt une robe couleur du temps, puis une autre comme le soleil ; mais le roi, son père, qui était très riche, lui fit faire une robe toute d'or et de diamants.

Le roi possédait un âne merveilleux qui, au lieu de faire du crotin faisait des écus et des louis d'or; tous les matins on trouvait sur sa litière un nouveau trésor. (Le roi, les valets ramassaient les écus.)

La princesse, croyant cette fois dégoûter son père exigea la peau de l'âne merveilleux ; le roi n'écoutant que sa folie, fit tuer son âne, et fit présent de la peau à la princesse.

Le roi ordonna que tout fut prêt pour célébrer ses noces avec sa fille; dès le lendemain, la princesse désolée consulta sa marraine, qui était une fée, se barbouilla la figure et les mains avec de la suie, se couvrit de la peau de l'âne, et s'enfuit du palais pendant la nuit.

La princesse courut toute la nuit, s'en alla bien loin, bien loin, bien loin, et encore plus loin, enfin elle arriva dans une métairie; la fermière la voyant si malpropre, lui proposa de rester chez elle pour garder les dindons, nettoyer l'auge des cochons.

La princesse ne sachant où aller, accepta. On la mit dans un coin reculé de la cuisine, avec sa peau d'âne, elle était la risée de tous les valets ; mais bientôt elle sut si bien conduire moutons et dindons, que tout prospéra sous ses belles mains.

La princesse, en gardant les dindons, pleurait souvent déplorant sa triste condition ; souvent elle se regarda dans l'eau de fontaine, et se faisait horreur à elle-même avec son horrible peau d'âne.

Elle couchait à la ferme, au fond d'un corridor, dans un taudis. Les jours de fête, elle s'enfermait, ôtait sa peau d'âne, se débarbouillait, prenait des perles et des diamants dans sa cassette, puis s'habillait avec sa belle robe éblouissante.

Le fils du roi revenant de la chasse, visita cette ferme qui lui appartenait; passant devant le taudis de peau d'âne, il regarda par une fente de la porte ; quel fut son étonnement de voir la belle princesse dans son costume éblouissant.

Le prince se retira doucement, et demanda quelle était cette belle personne qui habitait au fond du corridor. On lui dit que c'était une petite souillon nommée peau d'âne, sâle et crasseuse, que par pitié on lui faisait garder les moutons et les dindons.

Le prince vit qu'il y avait quelque mystère, ne dit pl[us] rien, mais le souvenir de cette belle personne le suiva[it] partout; il en devint amoureux fou, et en fit une malad[ie] qui le réduisit à la dernière extrémité.

Le roi et la reine, qui n'avaient que ce fils, étaient au désespoir, les médecins déclarèrent que la maladie du prince était sans nul doute causée par un chagrin mortel.

La reine conjura son fils de lui confier son chagrin. Le prince lui dit seulement qu'il désirait avoir de suite un gâteau fait par peau d'âne; la reine très étonnée se hâta d'accomplir son désir.

La reine envoya chercher peau d'âne qui se mit aussitôt à pétrir le gâteau du prince, en ayant soin d'enfermer, sans être vue, sa bague dans le gâteau.

En mangeant le gâteau fait par peau d'âne, le prince y trouva une bague en diamants merveilleusement petite qu'il cacha aussitôt.

Le prince dit à la reine qu'il mourrait s'il n'épousait pas celle qui pourrait mettre à son doigt cette bague si petite. Le roi et la reine firent sonner fifres et tambours pour inviter toutes les filles à marier.

Mais ni princesse, ni fille, ni femme, ne purent passer leur doigt dans la petite bague ; et elles enrageaient, car toutes auraient voulu épouser le fils du roi.

Enfin arriva le tour de peau d'âne ; chacun se moquait d'elle, mais au grand ébahissement de toute la cour, son petit doigt entra très facilement dans la bague.

Ayant jeté bas sa peau d'âne, elle apparut éblouissante de beauté ; la fée, sa marraine, arriva et raconta son histoire. Peau d'âne épousa le fils du roi, et ils furent heureux plus de cent ans.

www.ingramcontent.com/pod-product-compliance
Lightning Source LLC
Chambersburg PA
CBHW060913050426
42453CB00010B/1695